YO ELIJO
Amabilidad

YO ELIJO SERIE

ELIZABETH ESTRADA

Derechos de autor 2023 por Elizabeth Estrada - Todos los derechos reservados. Publicado e impreso en EE.UU.

Ninguna parte de esta publicación o de la información que contiene puede ser citada o reproducida en forma alguna mediante impresión, escaneado, fotocopia u otros medios sin permiso del titular de los derechos de autor.

YO ELIJO
Amabilidad

DEDICADO A B.L.

ELIZABETH ESTRADA

Un día, vi a un grupo de mis amigos riéndose y señalando.
La chica nueva se había tropezado y sus cosas había tirado.
Cuando la chica nueva empezó a llorar, las burlas no cesaron.
"No se rían de mí, por favor" ella había implorado.

Me uní a las risas, no sabía qué hacer.
La chica nueva intentó responder, pero no la dejamos.
Emma, mi mejor amiga, se acercó consternada.
"Seamos amables en todo lo que digamos."

Mi mejor amigo me sorprendió, pero también sentí vergüenza.
No acostumbraba a sentir tanta pena.
Almorzamos, dejando atrás a las otras chicas,
No dije mucho, tenía la cabeza muy llena.

Emma me habló de mostrar amabilidad.
Cómo ser amable es algo que hay que reconocer.
Emma dijo: "Podemos mostrar amabilidad en todo lo que hacemos.
Cosas sencillas como compartir y agradecer."

Me senté en clase, pensando en cómo podía cambiar,
Se sentía extraño estar tan serena.
Pronto llegó el recreo y tuve un plan.
Dibujé un gran corazón en la arena.

Me disculpé con la chica nueva. "Realmente lo siento. Espero que me perdones, yo no quise lastimarte."
"Me llamo Olivia y me gusta tocar el trombón."
"Me llamo Joan, no pasa nada. Encantada de conocerte."

Ahora éramos amigas y eso me hacía feliz.
Porque ser mala me hacía sentir fatal.
En el patio, los niños estaban jugando a la pelota,
Un chico tropezó y tuvo una caída brutal.

Corrí a ayudarle a que se ponga de pie.
Ser amable hacía que me sintiera mejor.
Cuando se reanudó la clase, ya no estaba tan triste,
sabía que al ser grosera me sentía muy mal.

Cuando la profesora necesitó ayuda, le ayudé con una sonrisa.
Recogí la basura que cayó al pasillo.
Ayudé a otros alumnos y pasé papeles,
Todos pensaban que una nueva Olivia había llegado.

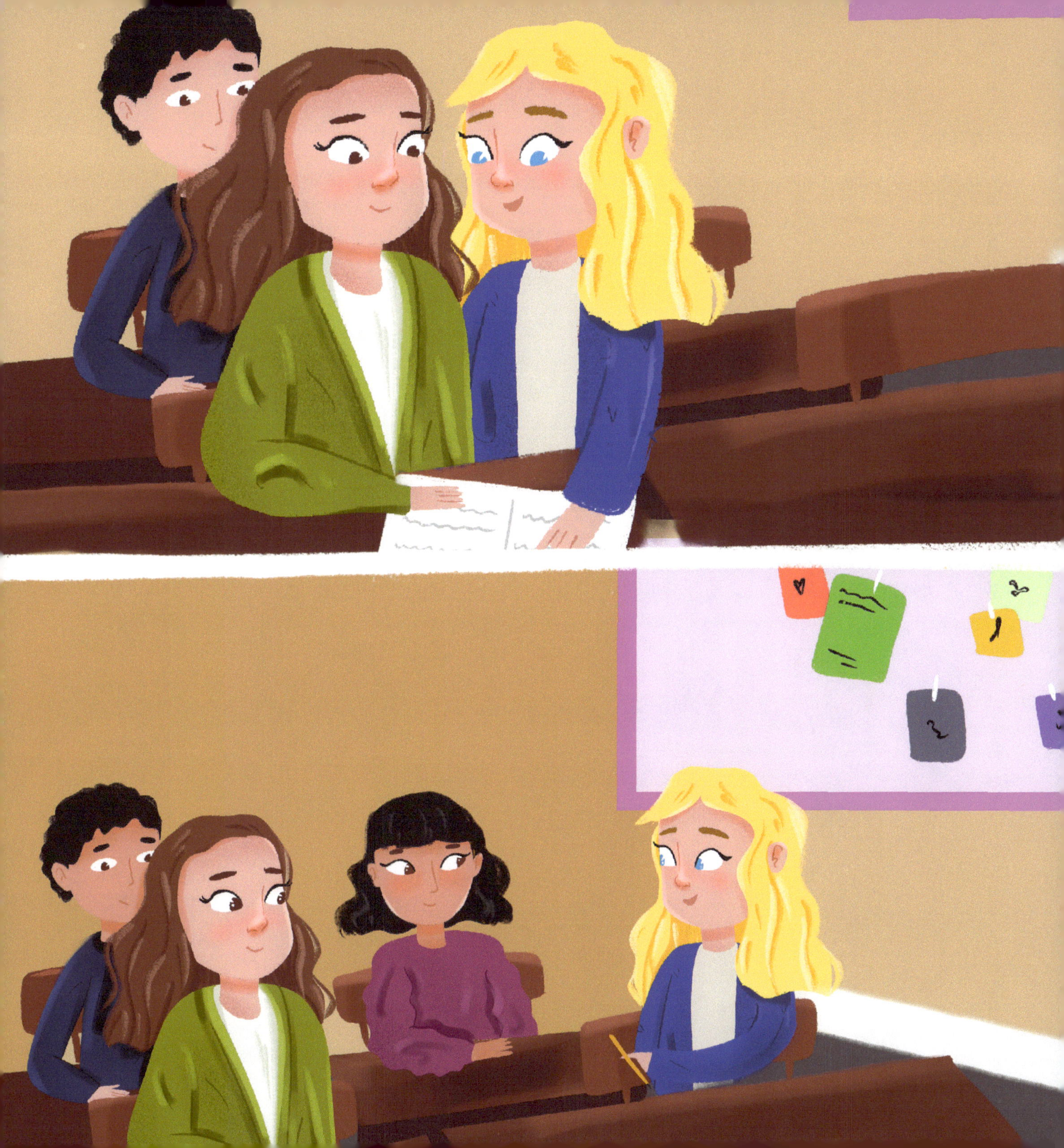

Cuando llegué a casa, ayudé a preparar la cena.
Incluso quería dejar más limpia la cocina.
Llamé a mi abuela para ver cómo estaba.
Ayudé a mi hermana con la tarea, porque si no, no la terminaría.

Me sentí feliz de regalar amabilidad.
Me di cuenta de que podía mejorar el día de alguien.
Antes podía ser grosera, pero ya no.
Ahora ayudaría a todos sin importar a quién.

Ser amable me hace sentir bien por dentro.
Es mi superpoder, que no debo ocultar.
Intentaré no juzgar ni burlarme,
Tratar a los demás con amabilidad.

Yo elijo amabilidad, no me gusta portarme mal.
Que me vean como una persona amable llena de felicidad.
Seré más compasiva y haré buenas acciones,
Cada día, esparciré semillas de bondad.

Más allá del Libro

Cántale una canción a un amigo.

Escribe una nota amable.

Llama a un familiar sólo para saludar.

Recoge una flor y obsequiasela a alguien.

Abre la puerta a otra persona.

Sonríe.

Haz un cumplido.

Haz un gesto amable.

Comienza un frasco de gratitud.

Elige la amabilidad

Respira un poco antes de contestarle a alguien.

Recoge tus juguetes.

Haz galletas para tu vecino.

Pregunta a tu mamá o a tu papá si necesitan ayuda con algo.

Dile a otra persona lo que la hace especial.

Ayuda a un amigo que lo necesite.

Abraza a un familiar.

Recoger la basura.

Querido lector,

Gracias por leer mi libro. Espero que hayas disfrutado con "Yo Elijo Amabilidad". He pasado quince años recopilando recursos e ideas para ayudar a los niños pequeños a afrontar grandes emociones.

Así que, por favor, dime qué te ha gustado e incluso qué te ha disgustado. ¿Qué tipo de emoción debería aparecer en mi próximo libro?

Me encanta recibir mensajes de mis lectores. Escríbeme a Elizabethestradainfo@gmail.com

También te agradecería mucho que hicieras una reseña de mi libro. ¡Tus comentarios me importan mucho!

Con mucho cariño,
Elizabeth

www.ingramcontent.com/pod-product-compliance
Lightning Source LLC
Chambersburg PA
CBHW041711160426
43209CB00018B/1806